D1666058

Kathi Roman

Rettung für das Katzenkind

Ein Abenteuer auf dem Bauernhof

Illustriert von Aike Arndt

Landwirtschafts**verlag**

Für
Eva-Lotta

Inhaltsverzeichnis

1. Kapitel:
Wo sind Miezis Katzenkinder?

„Miezi, miez, miez. Miezi", rufe ich und stelle die Blechschale mit Milch auf den Stallboden. So, dass es laut klackert. Da kommt sie. Sie ist noch dünner geworden. Ich hocke mich hin und beobachte Miezis kleine Zunge, wie sie die Milch aufschleckt. Schlapp, schlapp, schlapp, macht sie. Miezi soll viel Milch trinken, damit sie wieder kräftig wird. „So geht das ja gar nicht", sagt meine Oma jeden Tag, „eine junge Mutter muss zu Kräften kommen!"

„Da bist du ja!" Moritz steckt seinen Kopf durch die Tür der Milchkammer. Muss der eigentlich immer hinter mir herkommen?

„Die ist ja immer noch so dünn." Er kommt in den Stall und lässt die Tür hinter sich offen. Die quietscht den Milchkammertür-Quietscher und knallt zu. Miezi zuckt zusammen und schaut kurz auf.

„Moritz! Halt doch mal die Tür fest!", dringt Omas Stimme aus der Milchkammer gedämpft zu uns rüber.

Mann, der nervt! Miezi soll in Ruhe trinken!

Moritz zieht einen Mundwinkel und beide Augenbrauen hoch und grinst: „Ich glaube ja nicht, dass
ihre Jungen tot sind. Dann wäre sie doch nicht so
dünn." Er kratzt sich am Kopf. „Wo sie die wohl versteckt hat?"

„Wüsste ich auch gerne", sage ich zu Miezi. Hinter
die Kutsche, die alten Schränke in der Scheune, selbst
hinter die großen Rundballen haben wir geguckt und
alles abgesucht. Sogar auf dem Heuboden waren wir.
Heimlich, weil Oma nicht will, dass wir die wackelige
Leiter alleine hochklettern. Aber Miezi ist so schlau.
Und so schnell. Bis jetzt sind wir nicht hinterherge-
kommen. Nur einmal waren wir bis auf den Heuboden geklettert und haben sie noch eben hinter den
alten Schrank huschen sehen. Genau in dem Moment hat Oma uns zum Essen gerufen.

„Es sind bestimmt Weihnachtskinder", redet Moritz
weiter, „sagt Oma jedenfalls."

Dann hätten sie sogar schon die Augen auf. Nach un-
gefähr zehn Tagen öffnen Kätzchen ihre Augen nämlich, das hat Oma mir gesagt.

„Wenn wir sie nicht finden, dann fahre ich am Sonntag einfach nicht mit nach Hause. Dann bleibe
ich hier!" Moritz verschränkt seine Arme vor der
Brust und kriegt diesen Trotzblick, der Papa immer

wahnsinnig macht. „Wer weiß, was Opa mit denen macht, wenn er sie findet. Der will die nämlich gar nicht haben, glaube ich."

Damit hat Moritz ausnahmsweise recht. Am Abend nach Neujahr hat Opa gesagt, dass Miezis Junge sowieso schon tot sind. „Septemberkatzen sind ja schon mickrig. Novemberkatzen gibt es fast nie. Aber so eine Dezemberkatze wird gar nicht erst überleben. So ein Mickerchen wäre auch zu nichts nütze. Katzen sollen Mäuse fangen und brauchen nicht herumgepäppelt zu werden." Dann hat er sich ein Brot genommen, und seitdem spricht er nicht mehr darüber.

„Puh, kalt ist das!" Moritz schlingt seine Arme um die Schultern. Er hat wie immer keine Jacke an. Mama würde ausrasten. „Kommste gleich? Ich geh' schon mal rein", sagt er, und wieder quietscht die Milchkammertür. Dieses Mal knallt sie nicht, und ich bin froh, dass die Nervensäge weg ist. Auch wenn er recht hat mit Miezis Jungen und auch, weil ich ihn wohl brauche, um sie zu finden. Manchmal ist er ja auch ganz okay. Aber meistens ist er echt nervig, wie kleine Brüder eben so sind.

Heute ist es wirklich kalt. Opa hat die großen Stalltüren zugeschoben, und trotzdem formt der Atem der Kühe kleine Wolken. Es ist dunstig hier drin, und es riecht nach würzigem Silo, nach Kühen und Kuhschiete. Die Reinigung rauscht noch durch die Melkmaschine, Opa schiebt im Futtergang das Silo ran, und Omas Milchkannen-Geklapper dringt aus der Milchkammer zu mir.

Ich mag es gerne, wenn es wieder still wird nach dem Melken. Besonders abends und ganz besonders im Winter. Das Fressgitter klappert. Eine Kuh schubbert sich an der Bürste, und es ächzt der ganze Balken, an dem die Bürste befestigt ist. Ein paar Kühe legen sich mit einem Seufzer in die frisch eingestreuten Boxen. Wie das duftet, denken die bestimmt. Das Einstreuen macht Oma während des Melkens. Ich glaube, das macht sie gerne. Wie Betten machen am Morgen. Da reißt sie immer die Fenster auf, schüttelt die dicken Decken, dass es nur so weht, und glättet sie danach sorgsam mit den Händen. Dann schließt sie das Fenster wieder und kommt zufrieden aus dem Schlafzimmer in die Küche. „Und jetzt einen schönen Kaffee." Moritz und ich kichern schon, weil sie immer dasselbe sagt. So ist Oma.

Ich glaube, Opa ist das egal mit den Betten. Und auch mit dem Einstreuen. Na ja, nicht ganz. Den Kühen soll es schon gut gehen, aber nur deswegen, weil sie dann viel Milch geben. Und das ist Opa nicht egal.

Mittlerweile hat Miezi die Schale ausgeschleckt. Sie maunzt und streicht um meine Beine. Ich fahre mit der Hand über ihren Rücken und kann unter dem weichen Fell ihre Knochen spüren. „Meine liebe Miezi, wo sind denn deine Kinder?", schnurre ich sie an. Sie schnurrt auch, aber leider verstehe ich sie nicht.

2. Kapitel:
Besuch auf dem Bauernhof

„Juliane, kommst du rein?" Jetzt guckt Oma aus der Milchkammer. „Ach, da ist ja unsere dünne Katzenmutter." Die Tür quietscht ein drittes Mal heute Abend, und Oma kommt raus. Schön ist das, wenn Oma kommt. Sie riecht nach Milch und nach Frikadellen vom Mittag. Und als sie den Arm um mich legt, fühlt sie sich so herrlich weich an.

„Na, immer noch keine Spur von deinen Katzenkindern? Tatsächlich ist Miezi seit den Weihnachtstagen dünn. Das sind jetzt ..." Oma zählt an ihren Fingern, „... zehn oder zwölf Tage. Die Augen müssten sie schon geöffnet haben. Wenn ihr sie nicht findet, dann turnen sie sowieso irgendwann hier unten rum", Omas Tonfall wird dunkler und ein bisschen leiser, „wenn Opa sie nicht vorher findet." Eine Falte entsteht an ihrer Nasenwurzel, genau zwischen den Augen. Die kenne ich. „Sorgenfalte" nennt Oma sie.

Und ich weiß auch, warum sie sich sorgt. Aber darüber sprechen wir jetzt nicht. „Mickrige Katzen sind unnütz

und haben auf einem Hof nichts zu suchen. Wir sind ja kein Tierheim oder so was", sagt Opa immer. „Wer hier frisst, tut was dafür. Punkt."

„Ich glaube, wir finden sie schon. Bestimmt. Moritz bleibt sonst nämlich hier, hat er gesagt."

„Oh ja, bestimmt. Dann muss er aber beim Melken helfen und beim Füttern, jeden Morgen um sechs.

Mal sehen, ob er dann immer noch hierbleiben will. Oder was meinst du?" Oma drückt mich. „Sie wird sie schon gut versteckt haben. Sonst hättet ihr zwei sie doch schon gefunden, oder? Meine schlaue Miezi." Oma lächelt verträumt, dann bückt sie sich und streichelt die Katze. Miezi schaut Oma an und schnurrt. Oma schaut zurück.

Fast ist mir, als unterhalten sie sich, Oma und Miezi. Vielleicht tun sie das ja auch. Dann würde Miezi Oma erzählen, wo ihre Jungen sind. Oma würde alle aufpäppeln, ganz sicher. Wenn wir sie finden, dann würden wir es Oma auch sagen, und Oma könnte sie immer heimlich füttern. Wenn wir nicht mehr da sind, vorher machen wir das natürlich selbst. Und wenn die Katzenkinder dann groß und kräftig sind, dürfen sie bestimmt auf Omas und Opas Hof bleiben.

„Ich glaube ganz bestimmt, dass wir sie finden. Morgen suchen wir noch mal überall alles ganz genau ab. Überall!" Oma sieht mich an. Ihre Sorgenfalte ist weg. „Bestimmt!", sagt sie und sieht schon sehr getröstet aus. Das ist gut.

Plötzlich höre ich Stimmen von draußen. „Ja genau, den kleinen Teller fest mit dem Daumen runterdrücken. Prima." Ich glaube, das ist Irmgards Stimme. Innen im Stall hebt sich der Riegel der Stalltür aus der Halterung, um gleich danach wieder scheppernd hineinzufallen. „Komm, noch mal, ich helfe dir." Wieder hebt sich der Riegel, und nun wird auch die Tür aufgedrückt. Es ist Irmgard, Omas und Opas Nachbarin. Mit einer Milchkanne. Und mit Lina. Im Augenwinkel sehe ich Miezi wie einen Schatten über den Stallgang davonhuschen.

„Hallo, Irmgard", sagt Oma. „Heute mit Verstärkung?" Dann beugt sie sich zu Lina hinunter und reicht ihr die Hand: „Hallo, Lina, machst du Urlaub? Ist ja auch viel schöner bei Oma auf dem Land als in Bremen." Lina strahlt.

„Guten Abend, Hedwig", sagt Irmgard. „Hallo, Juliane. Na, wie lange bleibt ihr noch hier? Eure Ferien sind ja bald zu Ende, nicht wahr?"

„Hallo", sage ich. Ich soll auch „Du" sagen und „Irmgard", aber das traue ich mich nicht so richtig. Irmgard ist nämlich Lehrerin, und manchmal merkt man das auch. Opa ist immer sehr ernst, wenn Irmgard da ist. So, als ob er sich dann ganz gut benehmen müsste. Und Mama sagt: „Die ist immer so pädagogisch." Ich glaube, sie mag Irmgard nicht so richtig. Aber ich mag Irmgard. Ich finde, sie ist immer sehr nett. Sie kann gut erklären, und sie hört zu, wenn man ihr etwas erzählt. Das ist bei den meisten Erwachsenen ja nicht immer so.

„Ja", sagt Oma, weil ich nichts sage. „Die Ferien sind tatsächlich bald zu Ende. Am Sonntag werden die zwei wieder abgeholt." Sie zieht mich an sich: „Dann wird es ganz schön still hier, stimmt's?"

„Na ja", sage ich. „Vielleicht bleibt Moritz ja hier", grinse ich Oma an.

„Moritz will hierbleiben?" Irmgard zieht die Augenbrauen hoch.

„Ja", sage ich. „Wegen Miezis Jungen. Moritz sagt, er fährt nicht mit nach Hause, wenn wir sie bis Sonntag nicht gefunden haben."

„Ach so, ihr habt sie noch gar nicht gefunden. Das ist ja schade. Ich dachte, Lina könnte sie heute mal anschauen. So ganz kleine Katzen hast du doch noch nie gesehen, oder?"

„Mmm." Lina schüttelt den Kopf und hält sich an Irmgards Hand fest.

„Na, wenn ihr sie noch findet, dann sagt doch Bescheid. Lina würde sie bestimmt gerne anschauen."

„Mmm", Lina nickt.

„Lina möchte nämlich gerne mal ein Tier haben. Aber Linas Mama meint, sie muss erst noch ein bisschen größer werden."

Das kenne ich. Irgend so eine Ausrede haben Eltern immer parat, wenn es um Tiere geht. Papa kriegt schon bei dieser Frage die Krise. Was dem dann immer alles einfällt, warum wir kein Tier haben können, ist unglaublich.

Dabei ist er doch auf einem Bauernhof groß geworden, und da hatte er immer ganz viele Tiere. Ich finde das so gemein.

„Ja, ja", sagt Oma, und ihr Blick bleibt kurz an Lina hängen.

„So, und nun wollen wir ein bisschen Milch mitnehmen", sagt Irmgard und reicht Oma die Kanne.

3. Kapitel:

Moritz hat eine Idee

Nach dem Abendbrot und einer halben Stunde Fernsehen gehen wir nach oben ins Gästezimmer. Das ist unser Zimmer, wenn wir bei Oma und Opa schlafen. Früher war es einmal Papas Zimmer. Wenn ich die Tür aufmache, denke ich immer, es riecht auch ein bisschen nach „früher". So ein bisschen muffelig. Aber wenn man erst mal drin ist, dann riecht es gar nicht mehr. Es hat eine mit Holz vertäfelte Dachschräge, unter der zwei Betten stehen. Ein großer Kleiderschrank steht an der Wand gegenüber, und durchs Fenster kann man über die Kuhweide bis zum Wald gucken. Die Blumenbilder an der Wand mag ich nicht so gerne. Aber Oma mag sie, glaube ich.

„Irgendwie müssen wir hinter Miezis Geheimversteck kommen", Moritz fuchtelt mit seiner Taschenlampe herum, dass der Lichtkegel nur so über die Dachschräge zischt.

Ich drehe mich zu ihm. Das Bett knartscht. So kuschelig ist meine Decke zu Hause nicht. Und so eine schöne Kuhle in der Mitte hat mein Bett zu Hause auch nicht. Mama sagt immer, sie kann in Omas Betten nicht schlafen. Da würde ihr ja der Rücken entzweibrechen. Ich finde das Bett herrlich.

„Ja, klar, du Oberdetektiv. Aber wie denn? Die ist doch blitzschnell. Hast du doch letztes Mal gesehen."

„Wir könnten ihr doch was an den Schwanz binden. So 'nen langen Faden oder so was."

„Spinnst du, du Tierquäler? Das tut ihr doch weh. Und wenn sie dann irgendwo hängen bleibt? Nee!"

„Dann mach doch selbst 'nen besseren Vorschlag." Moritz klingt beleidigt. Der Lichtkegel der Taschenlampe klebt an der Decke.

Recht hat er trotzdem. Miezi hinterherzuspionieren wäre das Einfachste. Ich denke nach. Ganz still ist es.

„Mit Farbe!"

Jetzt klebt der Lichtkegel genau in meinem Gesicht.

„He, mach aus, du Blödmann!" Ich drehe mich weg.

„Juliane! Mit Farbe. Wir machen einfach Farbe auf den Stallboden. Miezi tritt rein, und dann folgen wir den Fußspuren."

„Pfotenspuren!", verbessere ich meinen kleinen Bruder, schließlich bin ich die Ältere. Aber die Idee ist nicht schlecht. Für so einen kleinen Bruder sogar überhaupt nicht schlecht. Fast bin ich ein bisschen neidisch, dass es nicht meine Idee ist, aber es geht ja um Miezis Junge. Das ist jetzt wichtiger.

„Aber Opa kann dann auch hinterher", erwidere ich. Also doch nicht so eine gute Idee?

„Dann müssen wir halt Farbe nehmen, die wieder weggeht." Moritz bleibt hartnäckig.

„Und wann willst du das machen? Tagsüber geht es ja wohl schlecht."

„Dann eben abends."

„Aber Opa geht doch immer noch mal in den Stall, bevor er ins Bett geht, oder nicht?"

„Dann eben mitten in der Nacht!" Moritz' Stimme klingt begeistert.

„Na ja", sage ich zögernd, „vielleicht ist Opa ja abends mal nicht da." Gute Idee, diesmal meine! „Morgen frage ich Oma, wann Opa mal nicht da ist." Unauffällig, so, dass es keiner merkt, natürlich. „ Und jetzt will ich schlafen." Ich drehe mich um. Nicht noch mehr geniale Kleiner-Bruder-Ideen von wegen „mitten in der Nacht" und so. Aber mit der Farbe und den Pfotenspuren könnten wir Miezis Junge vielleicht wirklich finden. Morgen. Oder übermorgen. Farbe steht in dem kleinen Raum hinter der Milchkammer, das weiß ich. Irgendwann muss Opa doch bestimmt mal abends zur Genossenschaft oder zu Günther oder zum Kartenspielen oder sonst was. Bis Samstag haben wir noch Zeit, und heute ist erst Mittwoch.

„Ich gucke morgen auf Omas Kalender in der Küche. Da steht doch immer alles drauf." Ich kann Moritz' triumphierendes Grinsen fast hören. Muss der immer so ein Schlaumeier sein?

4. Kapitel:

Moritz lässt nicht locker

Am nächsten Morgen verschwinden wir direkt nach dem Frühstück sofort in unser Zimmer. Ich ziehe gerade noch die Tür hinter mir zu, da ist es auch schon da, Moritz' triumphierendes Grinsen.

„Hast du auf den Kalender geguckt? Genial, oder?"

„Klar, ich kann ja lesen." Der nervt mit seinen Schlaumeiersprüchen.

„Also, wenn Opa heute Abend zum Kartenspielen geht, dann ist das doch heute der Superabend." Moritz schmeißt sich auf sein Bett, blättert in seiner Sportzeitung und redet ohne Punkt und Komma weiter: „Dann gibst du Miezi heute Abend nicht so viel Milch, wir stellen uns für elf oder zwölf Uhr nachts den Wecker. Da schläft Oma bestimmt schon. Wie lange spielt Opa eigentlich Karten? Mindestens bis drei, oder? Wir gehen einfach in den Stall, machen die Farbe um den Milchpott und gießen Milch rein, und wenn Miezi kommt und trinken will, dann läuft sie durch die Farbe, und wenn sie fertig ist, nehmen wir die Taschenlampe und laufen hinter den Fußspuren her. Ist doch super, oder?"

Der Oberschlaumeier sieht mich erwartungsvoll an. Ich soll nämlich jetzt sagen, wie toll seine Idee ist. Mann, nervt mich das! Außerdem sind es Pfotenspuren. Kapiert der das denn nicht?

„Und wenn sie nicht kommt? Mitten in der Nacht?!"

„Dann warten wir eben."

„Mitten in der Nacht? Im Stall?" Nee, das will ich nicht. Das ist mir voll unheimlich. Außerdem weiß ich genau, dass Moritz sich das auch nicht traut.

„Klar, ist doch voll krass!"

Angeber. „Ja, wir gucken mal", sage ich, ziehe mein Buch unterm Kopfkissen hervor und schlage es beim Lesezeichen auf. Aber ich lese nicht. Mitten in der Nacht in den Stall? Und wenn da Mäuse sind? Oder die Kühe muhen, weil wir sie wecken? Und wenn die Milchkammertür so laut quietscht? Aber sagen, dass ich mich nicht traue, das geht auch nicht. Und abends nach dem Melken geht nicht. Da sind Oma und Opa ja im Stall. Also nachts. Mir ist ein bisschen schwummerig. Aber wenn Moritz sich traut, dann ...

„Wir fahren eben einkaufen", ruft Oma von unten.

„Sind gleich wieder daha. Macht keinen Blödsinn."
„Neihein", rufen wir wie aus einem Mund und gucken uns an. Als die Dielentür zufällt, springen wir
von unseren Betten hoch.

5. Kapitel:

Auf frischer Tat ertappt

„Hier, die können wir nehmen." Moritz fischt einen Farbtopf aus der zweiten Reihe und hält ihn mir entgegen. Graue Lackfarbe.

„Kann man die wieder wegmachen?", frage ich und wühle mich am anderen Ende durch Opas Farbregal. Rot, tausend Dosen. Dunkelgrün, Riesendosen, bestimmt für die Stalltüren. Blau, eine, ganz klein und neu. Weiß, auch nur eine, verbeulter Deckel, ziemlich alt. Und so geht das weiter. Nur Lackfarben. Unter dem Regal stehen drei große weiße Plastikeimer. Darauf steht „Dis-per-sions-farbe". Was ist das denn?

Hier steht aber noch viel mehr Zeug. Dieser Raum hinter der Milchkammer ist so eine Mischung aus Büro und Werkstatt. Hier hängt der Kuhkalender an der Wand, Zettel von der Molkerei liegen auf dem Schreibtisch, Kugelschreiber, Schraubenzieher, Schrauben, Schleifpapier, auch gebrauchtes, alles wild durcheinander. Ein ziemliches Chaos. Und an der Wand hängt Opas Zollstocksammlung. Mama dürfte das hier gar nicht sehen. Es würde ihr bestimmt wie verrückt in den Fingern kribbeln, hier mal ordentlich aufzuräumen. Wäre ja vielleicht auch gar nicht so schlecht.

„He, Juliane, die geht doch." Moritz hat mit einem Schraubenzieher den Deckel der grauen Farbdose aufgestemmt und hält sie mir jetzt unter die Nase. Oben auf dem Grau schwimmt ein hellgelber schmieriger Teich.

„Ähh, sieht ja ekelig aus. Und das stinkt, bäähh!" Ich halte mir bei diesem stechenden Geruch die Nase zu.

„Mann, das rührt man doch um. Und Nitro riecht eben so. Haste noch nie gestrichen?"

Nee, habe ich nicht, du Schlaumeier, nur mit Tusche in der Schule. „Aber du, was?", sage ich.

„Klar, hab' ich, letztes Jahr habe ich mit Opa die Stalltore gestrichen. Da warst du mit Oma im Zoo."

Stimmt. Oma musste ihm hinterher ein paar Haare rausschneiden, weil die mit der grünen Farbe total zusammengeklebt waren. Zoo war sowieso viel besser.

„Also, ich finde, die geht", sagt Moritz. Er taucht einen Schraubenzieher ein und lässt einen Tropfen Farbe auf den Boden tropfen.

„Sag mal, spinnst du?", entfährt es mir.

Moritz grinst sein Schlaumeiergrinsen: „Die lässt sich zwar nicht wegwischen, aber die sieht man auch nur, wenn man sie richtig sucht."

Hier im Raum ist der gleiche graue Steinboden wie im Stall, und man kann die Farbe zwar sehen, aber sie fällt wirklich kaum auf. Die würde funktionieren.

„Stimmt", gebe ich zu und schlucke den Schreck vom Farbklecks herunter, „jetzt brauchen wir nur noch einen Pinsel."

„Da oben!" Moritz zeigt auf das Regal über der Tür.

Ich ziehe die kleine Trittleiter neben dem Putzmittel-Schränkchen hervor und stelle sie von innen vor die Tür. „Vielleicht kannst du mal deine Ohren gut aufsperren, ob Oma und Opa schon zurückkommen", schlage ich meinem kleinen Bruder vor und klettere rauf. Pinsel herunterholen und entscheiden, welchen wir nehmen, das kann ich nämlich alleine.

„Ach, Quatsch. Oma braucht doch immer ewig beim Einkaufen." Moritz lehnt sich am anderen Ende des Raums gegen das Farbregal, stellt die graue Farbdose auf den Boden, um mit dem Fuß den Deckel wieder draufzudrücken.

Rums. Die Tür knallt gegen die Trittleiter.

„Was ist denn hier los?"

Oma! Vor Schreck falle ich fast von der Leiter. Moritz erschrickt sich auch und tritt nicht richtig auf den Dosendeckel. Die offene Dose kippt um. Graue Farbpfütze auf dem Boden. Oma steckt ihren Kopf durch den Türspalt. Sie sieht Moritz an, der sehr lässig versucht, mit den Fingerspitzen die Dose wiederaufzurichten, und sieht mich auf der Leiter. Ich versuche, Moritz' Blick zu erhaschen. Sag bloß nichts Blödes jetzt, Mann.

„Was macht ihr denn hier?" Böse scheint Oma nicht zu sein, aber neugierig.

„Och, nichts." Moritz grinst und wischt verstohlen die grauen Farbfinger an seiner Hose ab.

„Aha, nichts", wiederholt Oma. „Dann ist ja gut. Ich dachte schon, ihr macht doch irgendeinen Blödsinn. Hier, Moritz, stell das mal bitte in den Putzschrank, aber nicht mit Farbfingern vollschmieren." Sie reicht Moritz eine hellgrüne Plastikflasche. „Damit werden auch deine Finger wieder sauber. Lappen liegen im Schrank", sagt sie und zieht die Tür hinter sich zu.

Wir gucken uns an. Gerade noch mal gut gegangen. Moritz hat einen ziemlich roten Kopf. Er macht große Augen und zieht den Mund breit. Es stinkt von der Farbpfütze auf dem Boden. Blödmann, denke ich, sage aber nichts und suche lieber einen Pinsel heraus. Ganz in Ruhe und ohne irgendeinen Schlaumeierkommentar.

6. Kapitel:

Opa geht Karten spielen

„Miezi, miez, miez. Miezi", rufe ich wie immer abends nach dem Melken und stelle die Blechschale mit Milch auf den Stallboden. So, dass es noch lauter klackert als sonst. Miezi kommt, wie immer. Schlapp, schlapp, schlapp macht Miezis Zunge beim Aufschlecken.

„Maunz!"

Dieses Mal kann ich sie verstehen. „So wenig?", fragt sie.

Maunz! Ich will mehr Milch! Maunz!

Ich kann nicht widerstehen. „Da, meine Süße, noch ein bisschen. Heute Nacht kriegst du noch ganz viel. Heute Nacht! Warte ein bisschen", flüstere ich und streichle sie, aber es hilft nichts. Miezi will nicht warten.

Maunz!

Noch ein bisschen.

Maunz!

Noch ein bisschen.

Maunz!

Noch ein bisschen. Am Ende hat sie den ganzen Topf Milch bekommen. So viel wie immer. Moritz erzähle ich das lieber nicht. Hoffentlich kommt Miezi heute Nacht trotzdem.

„Na, die hat ja ordentlich Durst. Gib ihr ruhig noch ein bisschen." Oma kommt vom Einstreuen der Liegeboxen. Eine Wolke von Strohduft überdeckt kurz den Geruch von Silo, Kühen und Kuhschiete. Oma nimmt mir den Topf aus der Hand und füllt aus der Kanne mit der frisch gemolkenen Milch noch etwas hinein. Viel gelblicher ist diese Milch, dickflüssiger, und der Geruch so heftig, dass es mich ein bisschen ekelt. Weil Oma danebensteht, muss ich Miezi noch etwas davon in ihre Schale schütten. Schlapp, schlapp macht sie, aber dann ist sie wohl satt.

„Na, siehst du wohl", sagt Oma und bückt sich zu Miezi herunter. „Du kommst schon wieder zu Kräften. Pass mal gut auf deine Katzenkinder auf, dann werden die auch groß und stark." Sie schaut mich an und zwinkert.

Mir wird es ganz wohlig. Oma würde Miezis Junge beschützen. Ganz bestimmt. Wenn wir sie erst einmal gefunden haben, dann wird Oma uns helfen. Da bin ich mir plötzlich ganz, ganz sicher. Einen Moment überlege ich, ob ich sie in unseren Plan einweihen soll. „Du, Oma ...", fange ich ganz leise an ...

„Hedwig, nimmst du mal?" Opa reicht ein kaputtes Zitzengummi aus dem Melkstand. „Kannst du mir mal ein neues aus dem Schrank geben?"

„Ja, mach' ich", sagt Oma und geht in die Milchkammer. Quietsch, macht die Tür.

Das war knapp. Nee, erzählen darf ich Oma das nicht. Nachts im Stall rumlaufen würde Oma nie erlauben, selbst für Miezis Junge nicht. Bei so was ist Oma streng.

Hatte ich wohl vergessen.

Beim Abendbrot ist alles wie immer. Oma steht fünfmal vom Tisch auf. Zuerst holt sie den Kaffee. Dann muss sie noch ein paar Scheiben Brot abschneiden. Sie holt dann noch den Honig, den wir beim Tischdecken vergessen haben. Die Kaffeemaschine ist noch an, und zum Schluss klingelt das Telefon. Opa sitzt die ganze Zeit auf seinem Platz, am Kopfende des Tisches, und steht nur einmal auf. Er muss nämlich ans Telefon, weil es Günther ist, der anruft.

„Ja, hallo, Günther. ... mhm ... ja, ja klar. Dann schon um halb acht bei Werner. Aber ich mische dann noch mal. Haha, ich kenne euch doch. Ja, ... tschüss." Opa schüttelt den Kopf und kommt zurück zum Tisch.

„Gehst du heute Abend Karten spielen, Opa?" Moritz schmiert die Butter auf seinem Brot hin und her und in alle Ecken.

Scheinheiliger, denke ich. Außerdem wollte ich das fragen. Oma guckt hoch. Die merkt was, das kann ich an ihrem Blick sehen.

Opa sagt nur: „Mhm." Das soll „ja" heißen.

„Die sitzen schon seit 'ner halben Stunde bei Werner", sagt er zu Oma gewandt. „Ahrens haben 'ne neue Waschmaschine gekriegt, da mussten Günther und Heinrich mit anfassen. Na, dann beeile ich mich mal." Opa schenkt sich Kaffee in seine Tasse nach, um die dann gleich mit einem Schluck auszutrinken.

„Und wie lange spielt ihr immer so?" Moritz sieht von seinem Brot auf und bemerkt nun auch Omas gerunzelte Stirn und ihren fragenden Blick. „Äh, ich meine, was spielt ihr denn so?"

„Spielt ihr auch Mau-Mau? Das können wir auch", werfe ich ein, damit es nicht so auffällt.

„Ja, können wir mal machen. Oder ihr spielt das heute Abend mit Oma. Wir Männer spielen Skat."

„Kannst du uns mal zeigen, wie das geht, Skat? Ist das schwer?" Jetzt wird Moritz hartnäckig. Das kommt bei Opa gar nicht gut an, das weiß ich.

„Na, wenn ihr nächstes Mal kommt, vielleicht. Das ist nämlich kein Kinderspiel. So jetzt mach' ich mich fertig." Und damit steht Opa auf.

Wann er geht, wissen wir, aber nicht, wann er nach Hause kommt. Blöd. Noch einmal bei Oma nachfragen geht auch nicht. Mensch, Moritz, frag doch nicht immer so dämlich, denke ich. Aber ganz ehrlich, ich weiß nicht, ob ich es besser gemacht hätte.

7. Kapitel

Eine Nacht im Stall

„Piep, piep, piep." Wo bin ich?

„Piep, piep, piep." Alles ist dunkel.

„Piep, piep, piep." Miezi! Jetzt fällt es mir ein. Miezis Junge finden. Opa ist beim Kartenspielen.

„Piep, piep, piep." Wir haben den Wecker gestellt. Auf zwölf!

„Piep, piep, piep." In den Stall. Jetzt? Wirklich? Mein Bett ist warm. Mollig warm.

„Piep, piep, piep." Moritz' Bett knartscht leise. „Juliane?"

„Piep, piep, piep." Moritz' Bett knartscht lauter. „Juliane? Bist du wach?" Ich höre ihn aus dem Bett steigen. Soll ich mich schlafend stellen?

„Piep, piep, piep." Klack. Ein Taschenlampenstrahl in meinem Gesicht.

„He, mach das Ding weg." Ich bin wach, klar. Und natürlich gehe ich mit. Ich stelle den Wecker aus. Moritz schwenkt die Taschenlampe weg, ohne eine Bemerkung vom Stapel zu lassen. Ungewöhnlich. Leise schlüpfen wir in unsere Klamotten. Kein Wort.

Die Taschenlampe liegt auf dem Boden. Der Lichtstrahl macht einen viel zu großen Stuhl-Schatten an die Wand. Man hört nur das streichende Geräusch vom Anziehen unserer Hosen und Pullover. Das Krrrr vom Reißverschluss. Manchmal knarrt auch eine Diele. Fast ist mir, als hätte Moritz Schiss. Er ist so still. In meinem Bauch ist es jedenfalls mulmig. Was ist, wenn ...?

„Fertig?", fragt Moritz

Ich nicke und gehe vor.

Die Zimmertür lässt sich leise öffnen. Zwei Schritte. Mit dem ausgestreckten Arm nach dem Treppengeländer tasten. Wo ist es? Die Standuhr tickt. Ist die laut! Tick, tick, tick. Da, das Geländer. Moritz spüre ich dicht hinter mir. Mir ist, als ob ich seinen Herzschlag hören kann. Aber es ist mein eigener. Mein Herz schlägt mir bis zum Hals. Poch, poch, poch. Da. Die Treppe. Mein Fuß kann die erste Stufe fühlen. Die Treppe ist kein Problem. Die würde ich auch blind schaffen. Aber weit rechts an der Wand gehen muss man. Dann knarrt nur die letzte Stufe. Moritz ist immer noch dicht hinter mir. So leise wie sonst nie.

Unten im Flur fällt Licht durch das Glas in der Haustür. Die Fliesen auf dem Fußboden glänzen matt. Ich weiß, dass es Jacken sind, da, an der Garderobe. Aber

... bewegen die sich? Mein Nacken kribbelt. Ein Auto rauscht auf der Hauptstraße entlang. Dann ist es still.

Wir stehen dicht nebeneinander und horchen. Poch, poch, poch macht mein Herz.

Leises Schnarchen kommt aus Omas und Opas Schlafzimmer. Na, wenn Opa schon wieder da ist und schläft, ist ja alles gar kein Problem. Kein Problem? In meinem Bauch ist es jetzt sehr mulmig.

Den Flur hinunter zur Dielentür. Die führt über die Diele in den Stall. Und die knallt immer, wenn man sie nicht festhält.

„Halt die Tür gut fest!", raune ich Moritz zu.

„Ja."

War das Moritz' Stimme? Sicherheitshalber gucke ich mich um. Im schwachen Flurlicht kann ich sein Gesicht nicht erkennen. Aber es ist Moritz.

Durch die Diele. Drei Schritte geradeaus, dann kommt die Milchkammertür. An dieser Seite ist sie aus Plastik. Aber sie lässt sich nicht öffnen. Abgeschlossen!

„Die ist zu", stöhne ich. Alles umsonst. Wo hat Oma wohl den Schlüssel? Mist! Daran habe ich überhaupt nicht gedacht.

Moritz stupst mich an. „Da, fühl doch mal, ob der Schlüssel steckt."

Ich fühle. Unter der Klinke ist etwas Kühles, Schmales, Glattes mit einem Faden oder so was dran. Der Schlüssel steckt. Moritz hat recht, der Schlüssel steckt tatsächlich. Dieses Mal ärgere ich mich nicht über ihn. Leise und leicht lässt der Schlüssel sich drehen. Super. Als ich die Tür öffne, riecht es nach Milch und Reinigungsmitteln. Moritz knipst die Taschenlampe an. Der Lichtkegel wird vom Milchtank zurückgeworfen und taucht den Raum in ein kühles, mattes Licht. Milchkammer im Milchlicht. Moritz' Gesicht milchfarben.

Surr, klack. Ich greife nach Moritz' Arm. Die Kühlung vom Milchtank springt an. Rrrr, rrrr macht das Rührwerk und paddelt durch die Milch. Poch, poch, poch macht mein Herz.

„Komm", sage ich. Meine Stimme hört sich ganz dünn an. Ich gehe vor – in den Raum hinter der Milchkammer. Die Farbdose und den Pinsel haben wir in den Spalt zwischen Putzmittelschrank und Wand gequetscht. Alles noch da. Zurück in der Milchkammer fische ich ein bisschen Milch mit dem großen Schöpflöffel oben aus dem Tank. Tropfen kleckern auf den Tank. Die Milch ist viel zu kalt für Miezi. Aber warm machen geht jetzt nicht. Moritz drückt die Klinke der Tür zum Stall herunter.

Die Tür ist schwer. Die Farbdose hat er in der anderen Hand, den Pinsel unterm Arm, die Taschenlampe im Mund. Die würde er mir auch nie geben, dann verschluckt er sie lieber, Blödmann. Hoffentlich fällt sie nicht runter! Moritz sieht sich zu mir um, winkt mit dem Kinn und zieht die Augenbrauen hoch. Jaha. Ich drücke mit gegen die Tür. In meinem Bauch

ist es jetzt nur noch mulmig. Die Tür macht ihr Quietschgeräusch in Zeitlupe. Durch den Türspalt kommt der Geruch von Silo, Kühen und Kuhschiete. Wir schlüpfen hindurch, und ich schließe die Tür langsam mit dem gleichen Zeitlupenquietscher. Der Schöpflöffel tropft. Jetzt stehen wir im Stall. Mitten in der Nacht.

Hinten über dem Futtergang leuchtet eine kleine Lampe. Sie taucht den Stall in ein Dämmerlicht. Ein paar Kühe stehen am Fressgitter. Das klackert. Es ist ein Nacht-Klackern. Fast wie sonst, nur stiller und langsamer. Auch die Kühe sind Nachtkühe, friedlicher. Man hört das Malmen des Futters in ihren Mäulern, sie schnauben, und Atemwolken wabern durch das Halbdunkel. Einige Kühe haben uns bemerkt und glotzen rüber.

Gleich sagen sie „Hallo!", denke ich plötzlich, und es kribbelt wie ein kaltes Band meinen Rücken rauf.

„Los, komm!" Moritz hebelt die Dose auf. Leise. Ohne dass sie umfällt. Ohne Farbe an die Finger zu kriegen. Ungewöhnlich. Heute ist Moritz tatsächlich zu gebrauchen.

Ich versuche, die Milch aus dem Schöpflöffel in Miezis Schale zu gießen. Es kleckert wieder, aber das meiste landet in der Schale. Moritz taucht den Pinsel in die Farbe und fängt an, einen fetten Kreis um die Schale zu ziehen. Eine Wolke Farbgestank durchdringt den Kuhstalldunst. Mir kommt es vor, als dauert es ewig.

„Guck mal. Ist doch gut, oder?" Moritz hört sich wieder an wie immer. Und diese Angeberei nervt voll, auch wie immer.

Im Dämmerlicht kann ich die Farbe nur an dem Glanz rund um die Schale herum erkennen. „Mhm", sage ich.

„So, nun kannste Miezi anlocken", sagt Moritz. Er geht ein paar Schritte Richtung Melkstand, legt den Pinsel auf den Boden, stellt die Dose daneben und tritt den Deckel fest. Sie fällt nicht um.

„Miezi, miez, miez. Miezi", rufe ich leise und klackere mit der Blechschale auf dem Stallboden. Fressgitter-Klackern. Futtermalmen. Stille.

Keine Katze.

„Miezi, miez, miez. Miezi." Lautes Blechschalen-Klackern. Futtermalmen. Kuh-Schnauben. Atemwolken. Stille.

Keine Katze.

„Miezi, miez, miez. Miezi." Ganz lautes Blechschalen-Klackern. Fressgitter-Klackern. Auto-Vorbeirauschen. Stille.

Immer noch keine Katze.

„Ich glaube, die kommt nicht." Ich richte mich auf. Ob das an der vielen Milch von heute Abend liegt? Ganz schön blöd.

„Aber die muss doch auch nachts Durst haben!" Moritz klingt sauer.

„Vielleicht jagt sie gerade Mäuse."

„Ja, oder sie schläft."

„Quatsch, Katzen sind doch nachts wach." Mann, ist der doof!

„Wenn das so ist, dann kann sie ja kommen." Schlaumeier, dann mach du doch!

„Miezi, miez, miez. Miezi." Blechschalen-Klackern. Futtermalmen. Kuh-Schnauben. Stille.

Keine Katze.

Aber da! Da ist was. Auto-Vorbeirauschen.

Da. Ein Fahrrad? Bremse quietscht. Klack. Der Ständer? Schlüsselgeklapper.

Blick zu Moritz. Er leuchtet an die Stelle, wo immer Opas Fahrrad im Stall steht. Nichts. Kein Fahrrad. Sein Mund steht auf. Die Augen sind weit aufgerissen. „Opa!"

Als die Milchkammertür quietschend hinter uns zuschlägt, höre ich den Riegel der Stalltür scheppern. Dann scheppert noch etwas. Als wir durch die Diele huschen, ist mir, als höre ich Opa schimpfen. Dielentür festhalten, gerade noch mal gut gegangen. Die Treppe knarrt. Egal, schnell hoch. Zwei Schritte. Zimmertür. Rein. Tür zu. Klamotten aus. Ins Bett. Ich drücke mein Gesicht ins Kissen. Mein Herz pocht so stark, als würde davon das ganze Haus abgerissen. Mein Atem geht stoßweise. Ich horche in die

Dunkelheit. Zuerst höre ich nur Moritz atmen, dann geht unten im Flur eine Tür. Opas Schritte. Er brummelt irgendetwas. Die Bügel klackern an der Garderobe. Wieder geht eine Tür. Badezimmer. Stille. Wieder die Tür. Schritte. Eine andere Tür. Stille. Opa ist im Bett.

8. Kapitel:

Opa macht Ärger

Als ich am nächsten Morgen aufwache, fällt mir sofort die nächtliche Stallaktion ein. Mit, nein, ohne Miezi, mit Farbe und – mit Opa.

Ich bleibe liegen und starre an die Decke, bis ich Moritz' Bett knartschen höre. Wir schauen uns an, und ich ahne, dass auch ihm nach dem Aufwachen sofort die letzte Nacht eingefallen ist. Schweigend ziehen wir uns an. Schon nach acht Uhr. Sonst ruft uns Oma immer zum Frühstück, wenn sie aus dem Stall kommt. Heute nicht. Leise gehe ich vor, die Treppe hinunter. Es duftet nach Kaffee, die Kaffeemaschine gluggert und dazwischen laute Stimmen aus der Küche. Oma und Opa streiten.

„Pscht", ich lege den Finger an die Lippen. „Opa schimpft bestimmt gerade wegen gestern Nacht."

Moritz verharrt stocksteif auf der obersten Treppenstufe. Ich pirsche ganz rechts an der Wand lang bis zur vorletzten Stufe. Jetzt kann ich sie verstehen.

„ ... wer soll denn das sonst gewesen sein? Mitten in der Nacht. Ich hab' doch die Türen gehört. Außerdem war die Milchkammertür offen. Ich träum' doch nicht. Die habe ich doch zugeschlossen, bevor ich zu Werner gefahren bin." Kräftiges Geraschel vom Umblättern der Zeitung. Opas Stimme klingt aufgebracht.

„Ach, Fritz. Das sind Kinder. Lass sie doch. Sie haben doch nichts kaputtgemacht."

„Na, und die Milchschale da mitten im Weg. Perfekt, um reinzutreten. Mein Hosenbein ist von oben bis unten voll. Und dann noch diese Sauerei mit der Farbe! Bis auf die Diele sind die Spuren zu sehen. Das macht mir Moritz heute wieder sauber. Mit Terpentin und 'nem Lappen. Meine Schuhe auch. Und wenn er den ganzen Tag dran herumwischt. Solche Ideen hat doch nur dieser Junge." Wieder lautes Zeitungsrascheln.

„Vielleicht ein Streich. Oder vielleicht wollten sie etwas verschönern und uns überraschen? Reg dich mal nicht so auf. Noch Kaffee?"

Opa brummelt etwas, was nach „ja" klingt und „und dann auch noch alles im Stall stehen lassen". Es folgt leiseres Zeitungsrascheln. Ein Stuhl wird gerückt, Schritte, der Kaffeemaschinenschalter macht „Klack", die Kanne schubbert von der Wärmeplatte, Schritte, eingießen, ein zweites Mal eingießen, Stuhlrücken, eine Tasse klirrt laut zurück auf die Untertasse.

Wir verharren mucksmäuschenstill auf der Treppe. Ich will jetzt nicht in die Küche. Moritz offensichtlich auch nicht. Wir setzen uns auf die Treppenstufen, schweigen und warten. Mir ist mulmig. Opas Schimpfen mag ich gar nicht. Hoffentlich ist er irgendwann fertig mit dem Frühstück.

Ist er schließlich auch.

„Ich hol' eben ein paar neue Tränkeeimer von der Raiffeisen. Brauchen wir sonst noch was?" Opa steht im Flur.

„Mir fällt nichts ein. Aber vom Bäcker Büntjen kannst du ein bisschen Butterkuchen mitbringen", ruft Oma aus der Küche.

„Mhm." Opa lässt die Dielentür hinter sich zufallen. Peng. Mein mulmiger Bauch macht einen kleinen Freudenhüpfer.

Moritz schubst mich an: „Los. Ich hab' echt Hunger jetzt." Die letzte Stufe knarrt, als ich aufstehe. Oma wird schon nicht so doll schimpfen. Oder sogar überhaupt nicht. Vielleicht. Ich schlendere über den Flur zur Küchentür. Moritz könnte jetzt echt mal vorgehen, finde ich.

„Ihr dürft gerne in die Küche kommen", ruft Oma, „oder habt ihr heute Morgen keinen Hunger?"

Hat Oma Augen, die um die Ecke gucken können?

Oder durch die Wände?

Als wir die Küche betreten, liest sie Zeitung und guckt nicht hoch. „Na, gut geschlafen?"

„Mhm", sagt Moritz, „geht so", und lässt sich auf die Eckbank plumpsen.

„Los, rutsch mal." Ich sitze daneben und würde gerne Omas Gesicht sehen oder auch lieber nicht oder vielleicht doch. Ich kann mich nicht so genau entscheiden.

Schließlich nimmt sie die Zeitung runter und guckt uns an. Sie lächelt. Mir fällt ein Stein vom Herzen. Schnell nehme ich mir ein Brot. Plötzlich habe ich Hunger, und wie. Wir frühstücken und tun so, als wenn nichts wäre. Oma schenkt uns Kakao ein und tut auch so, als wenn nichts wäre. Fast denke ich schon nicht mehr an die letzte Nacht.

Aber dann legt Oma die Zeitung an die Seite und guckt uns beide abwechselnd sehr genau an: „So, meine Lieben. Was war denn da letzte Nacht im Stall los?", fragt sie.

Ich spüre, wie mir warm wird. Bestimmt wird mein Gesicht gerade knallrot. Meine Hände wische ich an der Hose ab. Moritz anzugucken traue ich mich jetzt nicht. Er schabt mit dem Messer auf seinem Frühstücksbrettchen und sagt kein Wort.

„Wart ihr letzte Nacht im Stall?"

Jetzt sehen Moritz und ich uns an. Sein Blick heißt: „Okay, sag es, Oma lässt uns da jetzt nicht ohne Antwort raus."

Das denke ich auch. Also gucke ich Oma an und nicke ein kleines bisschen.

„Und was habt ihr dort gemacht? Mitten in der Nacht?"

„Wir, ähm, wir ...", stottert Moritz.

„Wir wollten Miezis Junge finden", platzt es aus mir heraus. „Wir hatten die Idee ..."

„Ich hatte die Idee!"

Moritz, du alter Wichtigtuer! Ich werfe ihm einen bösen Blick zu. „Also, Moritz hatte die Idee, um Miezis Schälchen Farbe zu streichen. Wenn sie dann kommt und Milch aufschlecken will, dann tritt sie rein in die Farbe, und wenn sie zurück zu ihren Jungen läuft, können wir den Pfotenspuren folgen. Na, und dann finden wir sie endlich." Ich gucke auf mein Frühstücksbrettchen und sehe Oma dann von unten herauf an: „Wir wollen sie doch auf jeden Fall finden. Bevor, bevor ...", meine Stimme soll ruhig ein bisschen weinerlich klingen.

„... bevor Opa sie findet? Habe ich recht?" Oma lehnt sich zurück. „So, so. Und dafür musstet ihr mitten in

der Nacht in den Stall geistern? Ist Miezi denn gekommen?"

„Nee, natürlich nicht", meldet sich der Schlaumeier
zu Wort.

„Also, ihr zwei, die Idee ist gar nicht dumm. Aber
eine Katze wird nie in stark riechende Farbe treten.
Katzen haben eine feine Nase, und außerdem sind es
sehr saubere Tiere. Das heißt, auch wenn Miezi an
eurer Milch interessiert gewesen wäre, sie wäre nie in
die frische Farbe getreten."

„Ach so." Moritz klingt kleinlaut.

„Und nun?", fragt Oma.

Moritz und ich sehen uns an und zucken mit den Schultern.

„Na, dann schlage ich vor, wir schauen heute Nachmittag noch mal zusammen nach. Aber vorher solltet ihr, glaube ich, dringend die Farbspuren von der Diele und von Opas guten Schuhen entfernen."

9. Kapitel:

Miezis Versteck

Also verbringen wir den Vormittag damit, die Farbspuren von den Dielenfliesen zu putzen und Opas Schuhsohlen sauber zu machen. Im Stall brauchen wir glücklicherweise nichts wegzumachen. Opas Fußspuren sieht man dort kaum, und Pfotenspuren sind überhaupt nicht zu sehen. Gar keine.

Das Zeug zum Farbewegmachen stinkt grässlich, finde ich.

„Wieso? Riecht doch voll gut." Moritz zieht so geräuschvoll wie möglich Luft durch die Nase ein. „Ahhh, lecker."

Soll er doch alleine putzen, wenn es so lecker riecht. War ja schließlich auch seine Idee, denke ich mir. Und das war ihm doch auch sonst immer so wichtig zu betonen.

Opa brummelt irgendetwas, als er von der Raiffeisen zurückkommt. Schimpfen tut er nicht. Darüber bin ich ziemlich froh.

Als Opa nach dem Mittagessen vom Tisch aufsteht,

um sich in der kleinen Stube auf das Sofa zu legen, zwinkert Oma uns zu.

„Nach dem Kaffee holt Opa Silo. Dann haben wir Zeit, nach Miezi zu suchen." Oma spricht leise. „Warum nicht gleich, Oma?", flüstere ich. „Opa schläft doch jetzt, bitte!" Ich gebe mir Mühe, ganz lieb zu gucken. Bei Papa hilft das manchmal. Bei Oma nicht.

„Nein, ruht euch erst mal aus. Ich räume die Küche auf, und dann muss ich noch bei Isolde anrufen. Nach dem Kaffee suchen wir, versprochen." Und dabei bleibt sie.

Fürs Butterkuchenessen beim Kaffee bin ich dann eigentlich viel zu aufgeregt. Ein Stückchen esse ich aber doch, weil Oma streng guckt und Opa sich sonst bestimmt gewundert hätte. Bäcker Büntjens Butterkuchen ist nämlich der beste der ganzen Welt, finde ich sonst immer.

„So, dann mal ran an die Arbeit." Opa stützt sich auf den Tisch. „Willst du mir helfen, Moritz?"

„Och, nö. Heute nicht, Opa." Moritz guckt kurz zu Oma rüber.

„Na, dann eben nicht." Opa klingt enttäuscht. „Ich dachte, Schuh- und Dielenputzer fahren vielleicht auch gerne Trecker?"

„Ja, doch, schon." Moritz' Augen leuchten.

Ich trete unterm Tisch gegen Moritz' Bein. Er soll bloß mit Opa mitgehen. Dann ist Opa bestimmt nicht mehr sauer und vor allem unter Bewachung. Und ich kann alleine mit Oma nach Miezi suchen, ohne den Oberschlaumeier. Super!

Moritz guckt noch ein bisschen zu Oma und zu mir und hin und her, und dann geht er tatsächlich mit Opa raus.

Oma räumt den Tisch ab, und ich helfe ihr dabei. Damit es schneller geht. Aber ich sage kein Wort. Ich bin mir ganz sicher, dass ich mit Oma zusammen Miezi finde. Bestimmt. Ganz kribbelig ist mir.

„So", sagt Oma und drückt die Spülmaschine mit einem Klack zu, „dann wollen wir mal los."

Wir nehmen unsere Jacken von der Garderobe, in der Diele schlüpfen wir in die Schuhe, dann durch die Milchkammer in den Stall.

Oma nimmt gar keine Milch mit. Komisch. Aber wir wollen ja suchen und nicht Miezi anlocken, obwohl das ja eigentlich keine schlechte Idee ist. Vielleicht hat Oma eine bessere. Eigentlich will ich auch nichts sagen, aber das Bauchkribbeln schiebt die Worte einfach aus meinem Mund.

„Gehen wir auch auf den Heuboden?" Meine Atem-wolken ziehen durch die kalte Luft und lösen sich auf.

Oma dreht sich zu mir um und lächelt. Sie guckt wie Weihnachten, wenn sie mir ein Geschenk hinhält und weiß, was drin ist, und auch weiß, dass ich mich darüber freuen werde.

„Ja, wir gehen auch auf den Boden, komm."

Oma geht vor. Ich hinterher. Oberkribbelig. Sie steigt die Leiter zum Heuboden hoch. Ich hätte nicht ge-dacht, dass eine Oma so schnell eine Leiter hochklet-tern kann. Sie tut das gerade so, als ob sie es jeden Tag macht. Ich hinterher. Kalt ist es. Oben reicht sie mir ihre Hand und hat immer noch dieses Weihnachtslä-cheln im Gesicht.

„So, nun komm", sagt sie und geht geradewegs auf den alten Schrank zu. Sie dreht sich zu mir um, legt den Finger an die Lippen, und plötzlich ist mir alles klar: Oma kennt Miezis Versteck. „Oma, du ..., du weißt, ..."

Oma lächelt, und mein Bauch macht einen Hüpfer. Sie zieht einen Schlüssel aus ihrer Jackentasche, steckt ihn ins Schranktürschloss und dreht ihn um. Mit einem Knarren öffnet sich die Tür.

Da liegt Miezi. In einem Nest aus Wolldecken. Unten im Schrank. Und nicht alleine. Ein klitzekleines Kat-

zenkind kuschelt sich eng an sie. Mir wird ganz wohlig und kribbelig zugleich. Da ist es. Ich gehe in die Hocke und stütze mich mit meinen Knien auf die Schrankkante. Das Katzennest aus Wolldecken sieht aus wie ein Nomadenlager in der Mongolei. Darüber habe ich mal einen Film gesehen. Es riecht ein bisschen muffelig, ein bisschen nach Wolle und nach gemütlich im Bett kuscheln. Es kommt mir vor wie eine geheime Welt, die wieder verschwindet, wenn man zu nahe herankommt.

„Na?" Oma zieht sich einen Heuballen heran und setzt sich drauf. Sie strahlt mich an.
„Darf ich sie streicheln?", flüstere ich.
Oma guckt zu Miezi. Mir scheint, sie überlegen beide kurz, ob es in Ordnung ist, dass Oma mich mitgebracht hat.
„Ich glaube schon. Sie kennt dich ja", sagt Oma.
Jetzt guckt Miezi, als ob sie richtig stolz ist, dass sie mir ihr Kind zeigen kann. Also strecke ich ihr ganz langsam meine Hand entgegen. Als ich ihr Fell berühre, schnurrt sie. Da traue ich mich, auch das Katzenkind zu streicheln.
Ist das weich. Richtig flauschig und zart. Bei meiner Berührung räkelt es sich und hebt den Kopf. Winzige

Äuglein blinzeln mich an. Mir schießen die Tränen in die Augen.

„Diesen Schrank hat sie sich schon im Frühjahr ausgesucht", sagt Oma. „Dieses Mal habe ich ihr das Schlupfloch in der Rückwand ein bisschen größer gemacht. Ein gutes Katzenversteck, oder?"

Ich nicke. Wenn ich jetzt spreche, rollen die Tränen aus meinen Augen. Auch wenn das nicht schlimm ist, will ich das schöne Gefühl mit dem Kloß im Hals noch einen Moment behalten. Schweigend streichele ich das Katzenkind. Oma bleibt auf dem Heuballen sitzen. Unten im Stall hört man den Trecker. Opa und Moritz stellen Siloblöcke auf den Futtergang. Das Klackern des Fressgitters dringt leise bis nach oben. Der Woll-Muffel-Geruch vom Katzennest mischt sich mit dem Duft vom Heu. Das Katzenfell ist weich und zart, es fühlt sich an wie Daunenfedern.

Am liebsten möchte ich für immer hier bei dem kleinen Katzenkind bleiben.

10. Kapitel:

Eine Enttäuschung für Moritz

Natürlich bleibe ich nicht für immer oben auf dem Heuboden. Und natürlich will Moritz zur Melkzeit dringend wissen, ob und wo wir Miezi gefunden haben. Oma hat gesagt, dass ich es Moritz verraten darf, aber ich musste versprechen, dass wir nicht alleine hochgehen. Wegen der Leiterkletterei und weil Miezi ihre Ruhe haben soll. Und Opa soll das Versteck auf jeden Fall nicht kennen, und heute soll sowieso gar keiner mehr rauf auf den Heuboden. Punkt.
Moritz ist ganz schön sauer, glaube ich. Jedenfalls spricht er bis zum Abend kein Wort mehr mit mir.

„Sagt doch Lina morgen früh Bescheid", schlägt Oma vor, als sie uns Gute Nacht sagt. „Ich glaube, sie fährt morgen Abend wieder nach Bremen. Dann gehen wir alle zusammen auf den Heuboden, wenn Opa seinen Mittagsschlaf macht. Das wäre doch nett, oder?"
Sie sitzt an Moritz' Bettende und streicht mit der Hand über die Decke.
„Meinetwegen." Moritz liegt auf dem Rücken und

guckt an die Decke. Der Schlaumeier ist supersauer. Ein bisschen tut er mir leid. Ungerecht ist es ja schon. Auf der anderen Seite bin ich froh, dass ich mit Oma alleine bei Miezi und ihrem Katzenkind auf dem Heuboden war. Mit Moritz zusammen wäre es vielleicht nicht so still und kuschelig gewesen.

„Na dann, gute Nacht." Oma steht auf und geht zur Tür. „Lest nicht mehr so lange! Ich wecke euch morgen früh. Wie immer." Sie grinst.

„Nacht." Moritz' Bett knarscht. Er dreht sich zur Wand.

„Gute Nacht, Oma." Ich winke mit einer Hand unter der dicken Decke hervor. Dass ich bestimmt von Miezis Katzenkind träumen werde, sage ich lieber nicht. Sonst redet Moritz morgen nicht mehr mit mir.

Als Omas Schritte auf der Treppe knarren, dreht Moritz sich zu mir. Er sieht aus, als ob er geweint hätte.

„Nur damit du es weißt, heute Nacht stehe ich wieder auf. Und dann gucke ich mir Miezis Katzenkind an. Alleine." Mit einem heftigen Ruck und einem lauten Bettknatscher dreht er sich wieder zurück. Ich glaube nicht, dass er das macht. Aber er tut mir jetzt so richtig leid.

Am nächsten Morgen redet Moritz immer noch nicht

mit mir. Natürlich ist er in der Nacht nicht aufgestanden. Jedenfalls habe ich nichts gehört. Keinen Wecker, kein Bettknartschen, kein Türklappern. Beim Frühstück sagt er auch kein Wort. Erst als wir rübergehen zu Irmgard, um Lina Bescheid zu sagen.

„Heute hätte ich Miezis Versteck sowieso gefunden." Moritz kickt einen Stein quer über die Straße und trifft genau den Gully. „Volltreffer." Er grinst.

„Wie du das gemacht hättest, würde ich ja gern wissen. Haha. Vielleicht deinen Vogel hinter ihr herfliegen lassen, was?" Ich tippe mir an die Stirn.

„Nö, viel besser. Aber dir verrate ich das nicht." Er zieht einen Mundwinkel hoch. „Hähä."

Der tut nur so, glaube ich. Gut, dass wir schon vor Irmgards Tür stehen. Ich will gar keine supertollen neuen Schlaumeierideen mehr hören. Das mit dem Faden am Schwanz hat mir schon gereicht. Und diese Farbaktion hat ja wohl eher unter Opas Schuhen stattgefunden und nicht unter Miezis Pfoten.

Ich klingele.

Schnelle, leichte Schritte nähern sich der Tür. „Oma, Klingel! Omaaa, Lina macht auf." Die Tür öffnet sich einen Spalt, und Linas Kopf taucht in Höhe des Türgriffs auf. „Omaaa, Kinder!"

„Ich komme."

Das ist Irmgards Stimme. In der Zwischenzeit betrachtet uns Lina ausgiebig aus dem Türspalt.

Jetzt kommen große Schritte zur Tür. Die Tür öffnet sich ganz, und Irmgard steht vor uns. So schick ist Oma an einem ganz normalen Tag nie, geht es mir durch den Kopf.

„Hallo, Juliane, hallo, Moritz! Wollt ihr reinkommen?" Sie tritt zur Seite.

„Nein, äh, danke." Ich schüttele den Kopf. „Meine, unsere Oma hat gesagt, mhm, dass wir Miezi gefunden haben. Ich meine, das Katzenkind auch. Oma meint, dass, ähm, Lina das Katzenkind vielleicht anschauen mag."

Weil ich nicht „Du" sagen mag, rede ich ziemlich komische Sätze, finde ich. Hoffentlich merkt Irmgard das nicht.

„Ja, aber Opa darf das auf keinen Fall wissen", fährt Moritz dazwischen.

Irmgards Mundwinkel zucken. „Na, das ist ja toll. Lina, magst du heute noch das kleine Katzenkind anschauen?"

„Ja, Miezekatze." Lina nickt.

„Wann sollen wir denn kommen? Ist euer Opa denn heute nicht da?"

„Doch", sage ich, „aber der legt sich nach dem Essen

immer kurz aufs Sofa. Viertel vor eins ist gut, hat Oma gesagt."

„Gut, dann stehen wir um Viertel vor eins vor der Stalltür. Fein, bis nachher."

Als wir den Weg hinuntergehen zur Gartenpforte, nehme ich mir fest vor, das nächste Mal „Du" zu sagen. Schließlich ist Irmgard wirklich nett. Und sie kann ja auch nichts dafür, dass sie Lehrerin ist. Und außerdem sind Ferien.

11. Kapitel:

Djieses

Um Viertel vor eins stehen wir vor der Stalltür und warten auf Irmgard und Lina. Moritz hüpft die ganze Zeit von einem Bein auf das andere.

„Mensch, ist das kalt, brrrr ..."

Ich glaube nicht, dass ihm so kalt ist. Auch wenn er wie immer keine Jacke anhat. So, wie er dabei strahlt, glaube ich, er kann vor Aufregung nicht stillstehen.

„Hallo, ihr Katzendetektive, guten Tag, Hedwig", sagt Irmgard, als sie endlich mit Lina um die Ecke kommt.

„Wir sind schon ganz gespannt, nicht wahr, Lina?"

„Hallo, Irmgard, hallo, Lina", sagt Oma. „Na, dann mal los." Sie drückt die Stalltür auf und geht voran. Sie geht als Erste die Leiter zum Heuboden hoch. Ich lasse Moritz den Vortritt. Dafür ziehe ich schon ein bisschen den Heuduft in meine Nase. Das riecht so gut. Hinter mir kommt erst Lina und dann Irmgard als Letzte. Sie ist beim Leiterhochklettern nicht so schnell wie Oma. Oma wartet, bis alle oben sind. Moritz nicht. Er steht schon vor dem alten Schrank und horcht an der Tür.

„Da ist ja gar nichts. Vielleicht sind die überhaupt nicht da." Moritz zieht die Stirn kraus und guckt Oma ganz maulig an. „Und wenn die sich ein neues Versteck gesucht haben?"

„Na, dann schauen wir mal", sagt Oma. Sie zieht den Schlüssel aus ihrer Schürzentasche und steckt ihn ins Schloss. Mit einem Knarren öffnet sich die Tür, und wie gestern liegt da Miezi und schaut uns erwartungsvoll an. Ich glaube, sie denkt: Oh, so viele Leute wollen mein schönes Kind heute bestaunen. Na, und wo sind die Geschenke? Sie reckt sich, steht mit steifen Beinen in ihrem Wolldecken-Nest auf und macht einen Buckel. „Maunz." Das klitzekleine Katzenkind wird herumgeruckelt und öffnet die Augen. Diese winzigen Äuglein. Mir schießen schon wieder Tränen in die Augen. Der Wollmuffelgeruch ist der gleiche wie gestern. Und es ist auch fast das gleiche Gefühl wie gestern. Alle sind ganz still. Sogar Moritz. Lina ist die Erste, die wieder etwas sagt.

„Da, Oma, Miezekatze."

Sie geht einen Schritt auf den Schrank zu und beugt sich zum Katzenkind herunter. Als Linas Hand sich ihm entgegenstreckt, ist Omas Hand schon bei Miezi. Sie streicht ihr über den Rücken und krault sie dann hinter den Ohren.

„Ja, meine Süße. Alle bewundern dein Kind. Das ist nur Lina. Lina ist ganz vorsichtig mit deinem Kind." Oma klingt wie eine Schlangenbeschwörerin. Und Miezi schnurrt, aber sie beobachtet Lina sehr genau. Moritz steht neben mir. Er reibt sich über die Augen. Näher an den Schrank heran geht er nicht. Schließlich räuspert er sich.

„Wie soll das Katzenkind denn heißen?", fragt er. „Oder hat es etwa schon einen Namen?" Jetzt schaut er mich wieder so sauer an wie gestern.

„Nein, von mir nicht", sagt Oma. „Fällt euch einer ein?"

„Vielleicht Mauzi", schlage ich vor. „Passt doch zu Miezi."

„Ist es denn ein Junge oder ein Mädchen?", fragt Moritz weiter. Er ignoriert meinen Vorschlag einfach.

„Weiß ich nicht, aber ich glaube, ein Junge", sagt Oma.

„Miezekatze." Das war Lina.

„Oder Melchior", sagt Irmgard. „Heute ist doch der sechste Januar, Heilige Drei Könige. Das wäre doch auch nett."

Irmgard unterrichtet bestimmt auch Religion, denke ich mir und muss kurz an Mama denken, die sagt, dass Irmgard immer so pädagogisch ist.

„Ich weiß was", fährt Moritz in meine Gedanken. Er strahlt in die Runde: „Djieses!"

Ich rolle die Augen. Der Oberschlaumeier hat Englisch erst seit diesem Schuljahr und eine gruselige Aussprache.

„Das heißt Jesus", verbessere ich ihn.

„Sag' ich doch, Djieses. Schließlich ist er doch Weihnachten geboren. Und heute besuchen ihn die Heiligen Drei Könige. Und das sind ich, Juliane und Lina. Passt doch. Djieses finde ich voll gut."

Moritz ist offensichtlich sehr zufrieden mit sich. Er strahlt, und das nervt mich enorm. Immer muss er mit seinen tollen Ideen alles bestimmen.

„Wir müssen nur noch Geschenke bringen", sagt er. Er zieht das kleine goldene Glöckchen, das sein Schokoladenweihnachtsmann an seinem dicken Bauch trug, aus der Hosentasche und legt es neben das Katzenkind. Dann grinst er mich an. Mit diesem Oberschlaumeiergrinsen. Das hat er doch voll mit Absicht gemacht. Leid tut er mir gar nicht mehr. Ich habe nämlich nichts dabei. Und dieses Glöckchen, finde ich, ist sowieso ein total blödes Geschenk. Was soll eine Katze mit einem Glöckchen? Der ist so oberschlau. Ich beschließe, den beiden morgen etwas Vernünftiges zu bringen. Futter oder ein kleines warmes

Kissen oder so was in der Art. Etwas, was eine Katze wirklich braucht. Warum habe ich bloß nicht vorhin schon daran gedacht?

„Und Irmgard und ich", fragt Oma, „wer sind wir?"

„Na, eben die Kamele. Die Heiligen Drei Könige sind doch mit Kamelen gekommen, oder?"

„Oder die anderen Leute aus Bethlehem", versuche ich, die Situation zu retten, und funkele Moritz böse an. Spinnt der, der kann doch nicht zu Irmgard sagen, sie sei ein Kamel. „Und Opa ist Herodes", flutscht mir der nächste Satz einfach so aus dem Mund.

„So, so, Herodes. Was ist denn das hier für eine Versammlung?"

Das ist Opas Stimme.

12. Kapitel

Glückliche Lina

Opa steht auf der Leiter zum Heuboden. Sein Kopf lugt gerade über die Kante, und er macht ein Gesicht wie Herr Pape, als er Sebastian bei der Mathearbeit den Spickzettel unter dem Mäppchen hervorgezogen hat.

Mich durchfährt ein Gefühl wie unter der kalten Dusche im Schwimmbad.

Opa klettert die Leiter hinauf auf den Heuboden. Er guckt von einem zum anderen. Keiner sagt etwas.

Irmgard findet schließlich als Erste die Sprache wieder: „Hallo, Fritz-Hermann." Omas und ihr Blick treffen sich. Ganz kurz nur, aber ich sehe es genau.

„Lina guckt sich gerade ihr neues Haustier an. Ihr habt ja eine fleißige Mäusejägerin hier auf dem Hof. Da kann Djieses doch ruhig nach Bremen umziehen, oder? So ein Tier zu haben ist für Kinder ja ganz wichtig. Gerade in der Stadt."

Jetzt gucke ich Oma an. Oma grinst über das ganze Gesicht. Auch das hat sie gewusst, schießt es mir durch den Kopf. Und dann schießt ein Schmerz wie ein Pfeil durch mein Herz. Lina darf ein Tier haben. Lina darf dieses süße Katzenkind von Miezi mit nach Bremen nehmen. Nicht, dass ich Lina nicht mag. Aber ich, ich meine, Miezi ist doch die Katze von meiner Oma, und ... ich möchte doch auch so gerne ein Tier haben.

Lina starrt staunend Irmgard an und dann wieder

Djieses. „Miezekatze." Ob sie das alles verstanden hat? Aber Opa hat Irmgard verstanden.

„Ja, natürlich, natürlich, das geht, natürlich geht das." Opa nickt. Er nickt so, als ob er selbst gar nicht nicken will, aber sein Kopf es einfach von ganz alleine macht. Er guckt von Irmgard zu Oma und kratzt sich am Kopf. Ich glaube, wenn Irmgard nicht hier

wäre, würde er schimpfen. Er würde sagen, dass es Blödsinn ist, eine Katze in der Stadt zu halten. Und dass das wichtig für Kinder sein soll, das ist überhaupt der größte Unsinn, findet Opa. Und dann auch noch so ein Mickerchen. Das würde er auf jeden Fall sagen. Aber bei Irmgard sagt er das eben nicht.

„Lina hat am achten März Geburtstag. Djieses wäre dann zehn oder elf Wochen alt. Ich würde ihn mit nach Bremen nehmen. Bis dahin kann meine Tochter alles besorgen, was man so braucht: Futter, Katzenklo, Spielzeug und so weiter. Ist das recht?"

„Ja, Irmgard, das klingt gut. Wirklich. Eine schöne Idee. Sonst hätten Hedwig und ich das kleine Ding natürlich aufgepäppelt. Stimmt's, Hedwig?"

Es klingt nicht freundlich. Eher so, als ob er ein bisschen böse auf Oma ist. Und wie er Oma anguckt. Er denkt bestimmt so was wie: Na, hast du es mal wieder geschafft?

Oma strahlt immer noch. Sogar ihr Grübchen auf der rechten Wange ist zu sehen. Ihr Glücksgrübchen, sagt Oma dazu.

Ich bin nicht glücklich. Gar nicht. Lina mag ich nicht angucken. Sie kann ja nichts dafür, aber gemein ist es doch. Lina darf Miezis Katzenkind haben. Warum habe ich nicht solche Eltern, die das erlauben? Oma mag ich auch nicht angucken. Klar, Djieses ist gerettet, aber warum Lina? Warum nicht ich? Und Irmgard finde ich überhaupt nicht mehr nett. Wieso mischt die sich in Omas Katzengeschichte ein? Und dann noch Opa. Der ist sowieso an allem schuld. Und dann hat er eben auch noch geschwindelt. Ordentlich sogar. Opa wollte Djieses überhaupt nicht aufpäppeln. Ein bisschen ist er eben doch wie Herodes, finde ich.

Dann gucke ich Moritz an. Der kaut auf seiner Unterlippe herum. Als er aufsieht, sehe ich, dass er kurz davor ist zu weinen. Unsere Blicke treffen sich. Das ist so gemein!, schicke ich ihm in Gedanken zu. Warum erlaubt uns Papa kein Tier?, schickt er mir zurück. Unsere Eltern sind so ungerecht!, schicke ich zurück. Moritz nickt. Ich bin froh, dass er da ist. Mit einem Bruder zusammen kann man seine Eltern doof finden. Gegenüber meiner Freundin Isabel würde ich das nicht sagen. Weil Papa und Mama meistens ja nett sind. Isabel denkt dann, ich habe doofe Eltern, und dabei sind sie ja nur gerade jetzt mal doof. Aber Moritz versteht mich. Er kennt sie ja. Mit ihm zusammen geht das.

Bevor wir alle wieder herunterklettern vom Heuboden, steckt Opa als Letztes noch seinen Kopf in den Schrank.

„Aber ein wirklich gutes Versteck, muss ich sagen. Alle Achtung. Schlaue Katze, diese Miezi." Er schaut Oma an. „Und dahinten ist so ein prima Schlupfloch in der Rückwand, da staune ich aber."

Seinen Blick kann ich diesmal nicht sehen, aber Oma verschränkt ihre Arme vor der Brust. Sie zieht ihre Augenbrauen hoch, legt den Kopf schief und nickt. Dann sagt sie lächelnd: „Ja, ein prima Schlupfloch, finde ich auch. Miezi ist eben eine schlaue Katze." Und danach schließt sie die Schranktür, dreht den Schlüssel um und lässt ihn in ihre Schürzentasche plumpsen.

Trotzdem brauchen sie und Miezi, glaube ich, beim nächsten Mal ein neues Versteck.

Irmgard und Lina gehen wieder nach Hause, und wir gehen zum Kaffeetrinken in die Küche. Keiner sagt etwas. Opa isst schweigend das letzte Stück Butterkuchen von gestern. Dann trinkt er seine Tasse Kaffee aus, murmelt etwas und verschwindet wieder in den Stall. Als die Dielentür zuklappt, räuspert sich Oma.

„Lina lebt in der Stadt. Alleine mit ihrer Mutter. Sie hat keine Oma mit einem Bauernhof. Irmgard hat ihre Tochter, Linas Mutter, lange überreden müssen.

Irmgard wollte gerne, dass Lina ein Tier hat." Oma streicht mit ihrer Hand über das Tischtuch, so lange, bis es ganz glatt ist. „Ich finde, das ist eine gute Lösung."

Ich rühre mit dem Löffel in meiner Kakaotasse. Ich will Oma nicht ansehen, auch wenn ich ihren Blick spüren kann. Ich will das nicht verstehen. Ich finde, dass Irmgard komisch ist. Sie ist die einzige Erwachsene, die ich kenne, die findet, dass Kinder Tiere haben sollten. Solche Erwachsene gibt es doch gar nicht.

„Stimmt eigentlich", sagt Moritz. Ganz leise, so als ob er geweint hat, aber doch mit fester Stimme.

Ich sehe ihn an. Und auch, wenn alles in mir pikst und mir einen Kloß im Hals macht, weiß ich, dass er recht hat. Lina hat nur eine Katze, eine Oma und ihre Mutter. Na ja, und vielleicht noch einen Vater, bestimmt sogar, jeder hat ja einen Vater. Ich habe ein bisschen Miezi, eine Oma und einen Opa mit einem Bauerhof, eine Mama und einen Papa, auch wenn der keine Tiere bei uns zu Hause haben will. Und ich habe Moritz. Darüber bin ich heute sehr froh.

Und ein ganz kleines bisschen kann ich jetzt auch froh sein, dass Djieses gerettet ist.

Ach ja, als Papa und Mama am Samstag von Klaus und Heide zurückkommen, um uns abzuholen, fährt Moritz natürlich mit nach Hause. Oma zwinkert uns am Auto zu und sagt, dass wir in Bremen mal Lina schön winken sollen.

„Wie soll das denn gehen? Die wohnt doch nicht an der Autobahn", sagt Moritz zu mir.

Ich weiß natürlich, dass Oma meint, dass wir das mit Djieses gut hingekriegt haben. Darum zwinkere ich auch zurück. Auch wenn es in meinem Herzen immer noch ein kleines bisschen pikst. Opa drücke ich beim Tschüss-Sagen ganz doll. Er soll ja nicht denken, dass ich ihn nicht mag. Auch wenn er ganz schön geschwindelt hat und Djieses eigentlich gar nicht haben wollte. Aber das mit Herodes war gar nicht nett von mir, finde ich.

Mama betont auf der Fahrt noch einmal, dass es für Moritz und mich bei Klaus und Heide viel zu langweilig gewesen wäre, weil die doch keine Kinder haben. Ich glaube, eigentlich wollten sie nur alleine Silvester feiern. Und darüber bin ich sehr froh, denn bei Oma und Opa war es bestimmt viel, viel schöner. Sonst hätten wir Djieses auch gar nicht retten können. Und wer weiß, was dann mit ihm passiert wäre.

Landwirtschaftsverlag GmbH, 48084 Münster

© Landwirtschaftsverlag GmbH, Münster-Hiltrup, 2008

Lektorat:	Sabine Deing-Westphal, Rhede
Illustrationen:	Aike Arndt, Münster
Gestaltung:	KreaTec – Grafik, Konzeption und Datenmanagement
	im Landwirtschaftsverlag GmbH, Münster
Druck:	Westermann Druck Zwickau GmbH

ISBN 978-3-7843-5002-8